Acerno, fuga dalla calura e dai prezzi esorbitanti

Una tranquilla villeggiatura di paese

di Sergio Ferraiolo

Disponibile su Amazon.it
all'indirizzo https://www.amazon.it/dp/B0CHL16C11/
Codice ISBN: 9798860629790

2023

copyright © 2023 Sergio Ferraiolo

tutti i diritti riservati

Prefazione:

Il cambiamento climatico è ormai realtà e per chi soffre il caldo come me è imperativo categorico sfuggire la calura e rifugiarsi in un posto fresco.

In Italia il posto di elezione sono le Alpi, ma…. costano un botto. Un mese in qualunque posto alpino ti costa molto più del tuo introito mensile e non te lo puoi permettere.

Poi, dove vai? Le località alla moda sono solo una riproduzione delle città abbandonate per la calura. Le interazioni umane sono le stesse, la folla è maggiore. Ricordo un anno in cui, per andare dal paesino del Cadore, dove avevo preso in affitto una casa, fino all'inizio dei sentieri escursionistici (15 chilometri) ho impiegato oltre un'ora per il traffico automobilistico. Insomma, lascio la Capitale superaffollata per trovare paesi super turistici altrettanto affollati.

E, allora, inversione di 180 gradi: Esistono nel nostro meridione, paesi che come clima, sentieri di trek, cucina, poco hanno da invidiare alle rinomate stazioni vacanziere alpine. Con, in più, un costo giornaliero pari a meno della metà delle rinomate località alla moda.

Già lo scorso anno avevo affittato, per il mese di agosto, una casetta nei pressi di un paese sito fra Salerno ed Avellino, a 800 mt. di altezza, una volta nota località di villeggiatura, ora un po' decaduta, ma con ottimi sentieri da trek, ombrosi e pieni di torrenti.

Quest'anno ho ripetuto la esperienza, con una casa in pieno centro del paese, per vivere, in prima persona, la vita quotidiana che lì si svolge.
Ho la manìa di condividere e ho scritto questo libretto.
Non è un diario, non è una guida. È solo una raccolta di impressioni e sensazioni registrate durante poco più di un mese di permanenza.

Ho cercato di raccontare come è il paese, come vivono gli abitanti, quali le attrazioni, quali le possibilità, quali le potenzialità inespresse.
Ho raccontato un po' tali impressioni nel mio blog ***https://sergioferraiolo.com***, ma, poi, le ho raccolte in questo libretto.
Nel blog ho chiamato la serie dei post "Cronache paesane": il perché lo scoprirete nel prossimo capitolo.
Ah, dimenticavo, il paese si chiama Acerno.

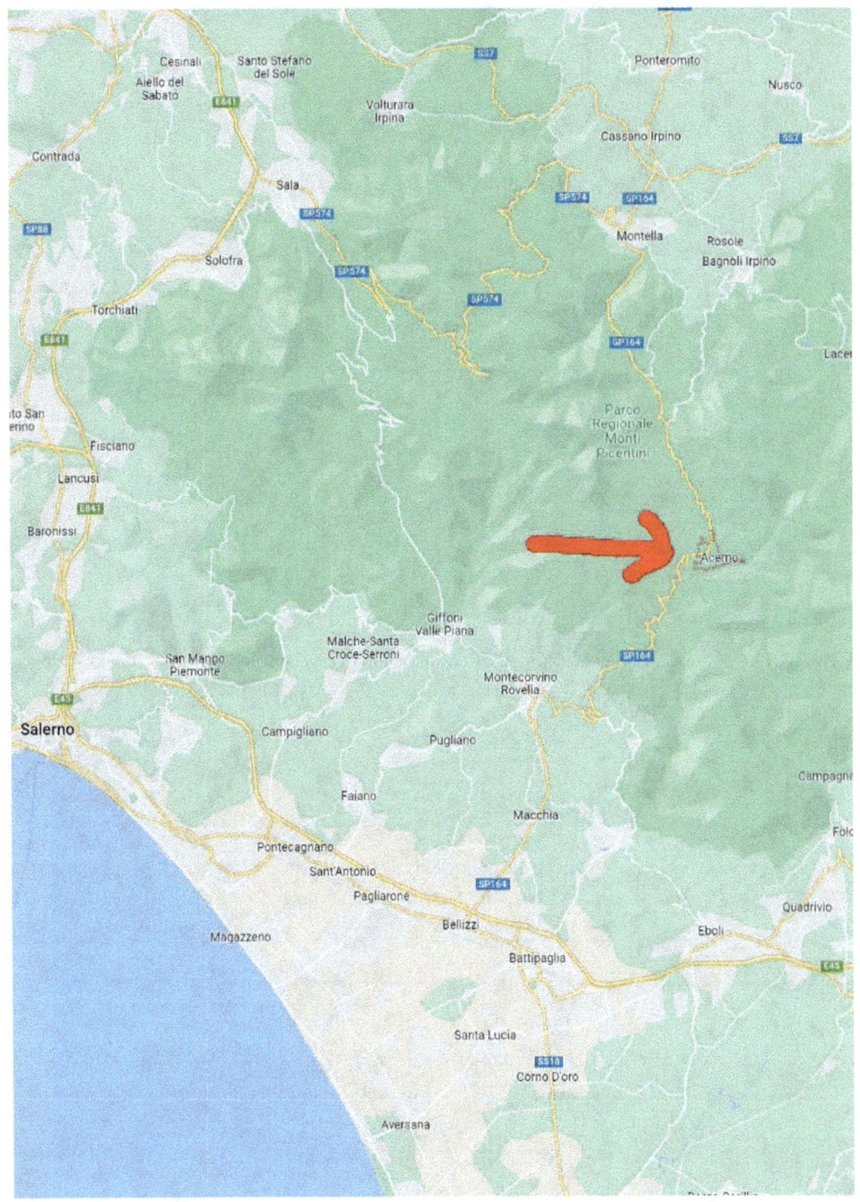

Cesinali
Aiello del Sabato
Santo Stefano del Sole
Ponteromito
Nusco
Contrada
Volturara Irpina
Cassano Irpino
Sala
Montella
Rosole
Bagnoli Irpino
Solofra
Torchiati
Parco Regionale Monti Picentini
Lacel
to San erino
Fisciano
Lancusi
Baronissi
Acerno
Giffoni Valle Piana
Malche-Santa Croce-Serroni
San Mango Piemonte
Montecorvino Rovella
Salerno
Campigliano
Pugliano
Campagna
Faiano
Macchia
Folc
Pontecagnano
Sant'Antonio
Pagliarone
Bellizzi
Quadrivio
Magazzeno
Eboli
Battipaglia
Santa Lucia
Corno D'oro
Aversana

Sommario:

Perché "Cronache Paesane"

Dal 1950 al 1954 **Ray Bradbury**[1] scrisse **una serie di racconti di fantascienza raccolti nel libro "Cronache marziane"**[2]. I racconti sono legati fra loro dal tema comune della futura **esplorazione**[3] e **colonizzazione** del pianeta **Marte**. Anche se opera di pura fantasia, non entrando l'autore nei dettagli tecnici del lontano futuro, essa appare più rivolta alla descrizione del genere umano che al suo futuro modo di vivere. La definizione di ciclo di fantascienza, com'era intesa all'epoca, risulta quindi stretta per quest'opera, che si è imposta per meriti che vanno al di là di un genere. Cronache marziane ha infatti legato il suo successo a un sentimento di nostalgia nei confronti di una vita più vicina alla natura, sebbene incorniciata da un panorama futuristico, e al mito della frontiera e dell'esplorazione.

E veniamo a me.
Quest'anno, come lo scorso anno, per sfuggire al bollente Caronte, per non intrupparmi nel mainstream delle Dolomiti-VIP, ho affittato una piccola casetta **in**

---

[1] **https://it.wikipedia.org/wiki/Ray_Bradbury**
[2] https://it.wikipedia.org/wiki/Cronache_marziane
[3] https://it.wikipedia.org/wiki/Esplorazione_di_Marte

un paesino in provincia di Salerno a 730 mt[4],. di altezza (Acerno) e con 2.500 abitanti.

Anche io – proveniente dalla putrescente Roma Capitale – sono ansioso di riscoprire una vita più vicina alla natura e con rapporti interpersonali più "umani". Poi, siccome mi piace condividere, ho deciso di tenere buona nota delle scoperte che sto facendo e delle esperienze che vivrò. Pensando a Ray Bradbury non

[4] https://it.wikipedia.org/wiki/Acerno

potevo non intitolare la serie di capitoli che verrà "**Cronache paesane**"! Lo spirito di scoperta e di conoscenza è il medesimo.

Prima osservazione abbastanza scontata: qui si conoscono tutti: non c'è bisogno di agenzie o di telefono. Era iniziata l'ultima decade di luglio e ancora non avevo una sistemazione. Domenica pomeriggio, ore 19, vado in piazza con una amica con ascendenze locali. Il passaparola è veloce: sono tutti lì in piazza, l'alloggio è trovato in 10 minuti.

Seconda osservazione: qui i canoni che regolano gli affitti delle case per vacanza sono ben diversi dalla capitale o, meglio, non esistono affatto. Il proprietario della casa non era in cerca di un turista a cui affittare la casa, era un immobile tenuto a disposizione. Mi ha fatto un favore, e gliene sono molto grato o – piuttosto – ha fatto un favore ad un amico della mia amica locale.

La gentilezza, come la calma e la pacatezza, qui sono di casa. Ho fatto presente che non c'era il pentolame e

che il tubo del gas perdeva e ho chiesto che, almeno per queste incombenze, provvedesse lui. Il proprietario non ha battuto ciglio: tubo del gas sostituito e padella, pentola e pentolino acquistati all'istante. Super gentile.
Ho integrato la dotazione con pochi soldi acquistando pentolame e stoviglie al mercato locale e ho provveduto personalmente a qualche riparazione elettrica e idraulica.

La casetta, una stanza da letto, soggiornino, piccola cucina, bagno e bagnetto, è proprio al centro del paese e, cosa molto simpatica, i due "balconi" di soggiornino e cucina danno proprio sull'orto, accessibile con tre gradini, amorevolmente curato dal proprietario. Finora ho assaggiato i cetrioli appena staccati dalla pianta. Vi assicuro che la differenza con quelli acquistati al mercato si sente.
Peccato che – tenendo i balconi aperti – entri qualche gatto per curiosare.

Il piccolo numero di abitanti, poi, costituisce un formidabile controllo sociale. In tre giorni tutti mi conoscono, sanno chi sono, dove abito e, anche, quali sono i miei gusti. Io sono un po' distratto, mi stupisce la quantità di saluti che ricevo per strada da perfetti sconosciuti e ho iniziato a salutare per primo ogni persona che incontro. Noto che la cosa è apprezzata.
Per oggi basta. Ma ho già tante cose da raccontare: la

quantità di bimbi che – beati loro – giocano ancora per strada, i preparativi per la "grande festa del Santo Patrono" dove sono attese star della TV, i prezzi di bar e ristoranti rispetto a quelli di Roma inferiori del 50% [un esempio: caffè e brioche nel miglior bar/pasticceria solo due euro],

Vi racconterò non solo cose belle ma anche, purtroppo, tante potenzialità inespresse.

Primi giorni.

La casetta che occupo è proprio di fianco alla chiesa. Ci deve esser stato un accordo fra sindaco e parroco: le campane suonano ogni ora con rintocco ogni 15 minuti, ma solo dalle sette della mattina. In tre giorni ci si abitua: si scopre la vita come era prima degli ultraorologi da polso, il tempo scandito dal campanile. Bong, bong, bong, *bing, bing*: sono le tre e mezzo, di pomeriggio, si intende.

Fervono i preparativi per la festa del Santo Patrono, San Donato, il 7 agosto. Nella via principale un negozio sfitto è adibito a sede del Comitato festeggiamenti con tanto di lotteria per ricavare fondi: primo premio una crociera nel Mediterraneo. Nel manifesto celebrazioni civili e laiche si mescolano: alla fine del programma religioso sono annunciate le "acerniadi di San Donato", giochi a sorpresa per Bambini, Giovani e Adulti (fino a 99 anni!!!) con, al termine, "anguria fresca per tutti".

Il programma civile prevede l'esibizione di famose stelle TV come "The Black 'n White", Anna Tatangelo, Daniele Ciniglio e i "Made in Italy"; a seguire spettacolo pirotecnico a cura della Ditta Mansi di Maiori!!!

Ma, nel frattempo, già ieri sera, su un palchetto a latere spettacolino di cabaret autoprodotto.

Il Paese comincia a riempirsi. La ricorrenza di San Donato è un richiamo per i tanti emigrati: le case aprono le persiane, il corso principale la sera si anima. Tutto un vociare di saluti, di "paesani" che si ritrovano, si abbracciano. Una quantità enorme di passeggini: Acerno non pare toccato dalla crisi demografica. Alle 21:00 la famosa (e ottima) pasticceria "Lucia" chiude; rimangono aperti fino a notte inoltrata i locali con i cornetti caldi alla cioccolata, il bar Jolly con la sua famosa cremolata di fragole con panna. Si attende con ansia l'arrivo del caldarrostaio: sì, Acerno è circondato da boschi di castagni e le castagne sono uno dei principali introiti per il paese, ma come facciano a cuocere le caldarroste con i frutti dell'anno precedente che rimangono morbide e saporite è un mistero.. Ovviamente, il golfino è d'obbligo dopo le 20:00, fa freschino.

Come dappertutto non si contano le "vasche" serali avanti e indietro per il Corso, divenuto di sera isola pedonale: dalla "Piazza" alla Cattedrale con il suo portale di bronzo con bassorilievi di Santi, ma sovrastati dalla riproduzione del monte "Accellica" che domina il Paese.

C'è attesa, ma non ansia, per la festa. È un rito che si ripete ogni anno: noto, invece, molta serenità: come la festa di compleanno o il Natale, feste che, se non ci si mette la sfiga, ritorneranno uguali gli anni prossimi. I bambini ora in carrozzina, cammineranno, le mamme un capello bianco in più, i padri – forse – qualche centimetro di pancia in più; ma – bene o male – saranno tutti ancora presenti per un altro San Donato.

Non vedo la leopardiana:

Or la squilla dà segno
Della festa che viene;
Ed a quel suon diresti
Che il cor si riconforta.
I fanciulli gridando
Su la piazzuola in frotta,
E qua e là saltando,
Fanno un lieto romore.

E, ritengo, passata la festa, che le fanciulle non ricorderanno quanto scriveva il poeta recanatese:
Questo dì fu solenne: or da' trastulli
prendi riposo; e forse ti rimembra
in sogno a quanti oggi piacesti, e quanti
piacquero a te: non io, non già ch'io speri,
al pensier ti ricorro.

Vedo molta più serenità e voglia di divertirsi: per parlare del destino c'è tempo, tanto un altro San Donato verrà.

AD
ACERNO
NEI FIORI
I COLORI
DELLA
NATURA:
BIANCO
GIALLO
ROSSO

Il mercato

Oggi è venerdì e ad Acerno è giorno di mercato. Sì, forse lo abbiamo dimenticato. Una volta, nei piccoli centri, non c'erano negozi idonei a soddisfare ogni bisogno della popolazione, numericamente troppo ridotta per giustificare l'investimento di un negozio. Allora, come oggi ancora ad Acerno, sono i negozi che si spostano verso i potenziali consumatori. C'è un giorno alla settimana in cui un'area del paese viene occupata da bancarelle itineranti che, nel corso della settimana, coprono – un giorno per ciascuno - almeno sei paesi del circondario per rifornirli di quanto serve alla popolazione.

Stamattina ci ho fatto un giro. Preponderanti i banchi di vestiario e di scarpe. Tanto assortimento, qualità non eccelsa, ma prezzi modici. Specialmente intimo: mutande, reggiseni, maglie intime, calze, calzini. Ma anche coltelli, attrezzi per l'orto e l'agricoltura; articoli per la casa, lenzuola, tende per la doccia, spugne, detersivi.

I venditori appellano i possibili compratori invitandoli alla spesa: si conoscono tutti, si chiamano per nome a questo appuntamento settimanale e chiedono notizie degli accadimenti dei giorni precedenti *"Ehi, Maria, come sta zia Giuseppina?"*, *"Ehi Anna, sei andata a farti sistemare la dentiera?"*. Ovviamente tutto quello che vendono è speciale, nulla a che vedere con quello che vendevano la settimana scorsa: *"oggi le pesche sono stratosferiche!"*, *"le lenzuola sono di un lino mai visto!"*. Ma, proprio perché si conoscono tutti, non ci sono le consuete grida da mercato. La merce è magnificata senza troppo spreco di decibel.

Poi ci sono gli articoli stagionali: oggi c'erano due banchi che offrivano agli acquirenti tutto ciò che può servire per le conserve di pomodoro. La Campania è zona di produzione di pomodoro, **una volta i veri San Marzano**, ora gli pseudo San Marzano, l'oro rosso! I bei pomodori oblunghi, rossi rossi. Quindi tappi, bottiglie, tritapomodori, bidoni metallici per cuocere l'ortaggio nelle bottiglie, boccacci, etc.
Sì, qui è ancora viva la tradizione di sbollentare i pomodori oblunghi, pelarli fino a scottarsi le dita, frullarli, metterli nelle bottiglie con un po' di basilico e sale, tapparle e bollirle in grandi contenitori. Salsa

pronta fino all'estate successiva per condire spaghetti e non solo. Tutta la famiglia o, meglio, le donne della famiglia, partecipa alla "funzione", macchiata di rosso sangue dei pomodori, magari cantando antiche nenie.

Vi assicuro che i barattoli di pelati di pomodoro, anche delle migliori marche, non reggono il confronto con queste bottiglie piene di oro rosso confezionate a mano.

Si prepara la festa

Nel precedente capitolo vi ho raccontato dei preparativi per la festa del Santo Patrono[5] San Donato, in programma lunedì 7 agosto. Attorno a questa festa, nei giorni antecedenti e successivi, si concentrano le iniziative estive che contanosul pubblico dei villeggianti (pochi) e degli emigrati che qui tornano in vacanza (molti). Ieri sera, in un palchetto sito proprio sotto le mie finestre, una filodrammatica locale "il Forum dei giovani di Acerno" composta da ragazzi sotto i venti anni ha rappresentato **"lo scarfalietto", commedia in due atti di Eduardo Scarpetta**[6] **[padre non ufficiale dei fratelli Eduardo, Peppino e Titina De Filippo**[7]**].**

---

[5] https://sergioferraiolo.com/2023/08/03/cronache-paesane-2/
[6] https://www.teatro.it/spettacoli/o-scarfalietto-1
[7] https://it.wikipedia.org/wiki/Eduardo_Scarpetta

Anche se hanno ancora molto da imparare, bisogna dare atto a questi ragazzi di un commendevole coraggio e intraprendenza. Lo spettacolo, a dispetto di inconvenienti tecnici all'audio e alle luci, è risultato piacevole e, soprattutto, molto seguito dal pubblico che si a è assiepato anche oltre le file delle sedie, tutte occupate.

Ah, lo **scarfalietto [scaldaletto]** è quell'attrezzo **composto da due "padelle**[8]**"** incernierate al cui interno si ponevano le braci che veniva posto fra le lenzuola per riscaldare il letto nelle giornate (e nottate) rigide e umide. Allora i termosifoni non c'erano. **Se siete curiosi di conoscere la trama cliccate sul link della nota qui sotto.**[9] È la consueta trama della commedia degli equivoci dove ciò che è non appare e ciò che appare non è:

Il primo atto si svolge nella casa di Amalia e Felice Sciosciammocca, giovani sposi, i quali, a seguito di continui litigi, che vedono coinvolti anche i loro camerieri, Michele e Rosella, decidono di separarsi chiamando in causa i loro avvocati

[8] https://www.ibs.it/o-scarfalietto-libro-eduardo-scarpetta/e/9788894511376
[9] https://www.ipocriti.com/spettacolo/o-scarfalietto-lo-scaldaletto/

Anselmo e Antonio. Nella lite viene coinvolto anche il malcapitato Gaetano Papocchia, uomo curioso e dal carattere singolare, che si rivolge ai coniugi per prendere in fitto una casa di loro proprietà nella quale sistemare la sua giovane amante, la ballerina Emma Cartcioff.

La scena del secondo atto è ambientata dietro le quinte del teatro dove lavora Emma, nel quale fervono i preparativi per il nuovo spettacolo. Qui si reca spesso Don Gaetano, che ricopre di gentilezze la ragazza, non sapendo che la stessa ballerina è amata anche da Antonio. E qui capitano anche Felice e Amalia, che pretendono a tutti i costi che Gaetano diventi loro testimone nella causa di separazione. Nella confusione generale si inserisce anche Dorotea, moglie di Gaetano, che, venuta a sapere della storia di suo marito con la ballerina, è decisa a chiedere giustizia.

Il terzo atto è ambientato in un'aula di tribunale, dove convengono tutti i personaggi della commedia e dove, dopo le testimonianze e le arringhe degli avvocati, la giuria potrebbe proclamare il verdetto finale. Ma nell'atmosfera esagerata e inverosimile delle storie di Scarpetta, tutto è possibile…

Non ce la faccio a seguire tutti e tre gli atti, mezzanotte si appropinqua e "mi sento" la fine della commedia dal mio letto. Con trapuntina, ovviamente, perché qui la notte fa freschino.

Vecchie glorie

C'era una volta. C'era una volta ….. e ora non c'è più.

Una volta, anni '50-'60 del secolo scorso, **Acerno** era per i salernitani e per i napoletani un luogo alla moda, una località ideale per quella che allora si chiamava **villeggiatura**: un tempo abbastanza lungo, dai quindici giorni ad un mese da trascorrere in una amena località per sfuggire al caldo agostano.

Le famiglie meno abbienti fittavano una casa dagli abitanti locali. Poi c'erano gli alberghi, dal centralissimo Zi' Vito all'esclusivo **"Castello dei Sogni"** del Barone D'Elia. E di quest'ultimo vorrei scrivere, anche se da scrivere c'è poco.

Un albergo alla moda fino agli anni '60 del secolo scorso, poi il lento declino e la fine **con il terremoto del 23 novembre 1980**[10] che qui fece una dozzina di morti e squassò il tessuto urbano.

Il **"Castello dei Sogni"** ebbe gravissimi danni e un po' per l'incuria della proprietà, un po' per l'arrogante speculazione edilizia, quello che tentarono di ricostruire niente aveva a che fare con un albergo di

---

[10] https://it.wikipedia.org/wiki/Terremoto_dell%27Irpinia_del_1980

pregio.

Anzi, quello che fu ricostruito era totalmente abusivo, riconosciuto tale – a detta degli abitanti della zona – anche in Cassazione.

Risultato: uno scheletro in cemento armato si erge da oltre 35 anni dove sorgeva il "Castello". Nessuno lo butta giù. Nessuno ha convenienza, vista la tremenda discesa del paese come meta turistica, ad investire per ricostruire.

E il **"Castello"**, proprio come un sogno, svanisce anche dalla memoria dei locali e dei turisti che ci andarono. Tanto la memoria è labile che anche il più efficace "trovaroba" del web, ossia Google, alla stringa di ricerca **"Castello dei Sogni di Acerno**[11]**"** non fornisce altro che pagine su cartoline d'epoca da collezione e nulla più. Nulla della storia, nulla della lunga agonia, nulla delle traversie giudiziarie; tutte scarne notizie ricavate dagli abitanti della zona, sempre molto restii a parlare, come tutti i montanari.

Nella profonda opera di distruzione antecedente al tentativo abusivo di ricostruzione sono statti lasciati, a mo' di memoria storica, alcuni reperti dell'antico splendore, ormai avvinghiati, come le rovine

---

11

https://www.google.com/search?q=castello+dei+sogni+acerno&rlz=1C1PRFI_enIT
946IT947&oq=castello+dei+sogni+acerno&gs_lcrp=EgZjaHJvbWUqBggAEEUYOzI
GCAAQRRg7MgYIARBFGDwyBggCEEUYPDIGCAMQRRg80gEJMTAxMjFqMGo5
qAIAsAIA&sourceid=chrome&ie=UTF-8

---

di **Angkor Watt in Cambogia**[12] dalla forza soverchiante delle piante rampicanti: vendetta della natura.

Non ho più notizie da darvi, anzi se qualcuno dei miei lettori ne sa di più, me lo scriva; sarò lieto di fare un'aggiunta.

Per ora il capitolo prosegue con le foto delle cartoline che mostrano come era il "Castello dei sogni" e le foto, fatte da me, che mostrano quello che ora ne resta:

Come inizio non c'è male: una naiade che invita ad andare in piscina in un due pezzi che richiama l'epoca in cui fu scattata la foto.

---

[12] https://it.wikipedia.org/wiki/Angkor_Wat

C'è anche il trampolino

Ma la piscina e il trampolino o, meglio, i loro scheletri, ci sono ancora, avvinghiati come Laocoonte e figli, dalla natura che si è presa la rivincita:

in fondo, a metà del lato corto della piscina, si intravede lo scheletro del trampolino.

E, della piscina, come fantasmi, spuntano altri particolari, come lo "spogliatoio per signore"

Oppure il locale docce maiolicato in multicolore:

Questi alberghi alla moda avevano un luogo per ballare; di solito un gazebo metallico con filari di rampicanti e luci multicolori, dove – in quei tempi un po' puritani – ragazze e giovanotti facevano conoscenza ballando un fox-trot, un Twist, un rock and Roll, fino ad arrivare, in tarda serata, quando molti ospiti erano andati a dormire, ai languidi lenti guancia a guancia, spesso prodromici ad altri più profondi contatti.

Nella prossima foto si vede ancora il gazebo, dietro il trampolino della piscina:

purtroppo ora ne è e rimasto ben poco come si vede dalla foto qui sotto:

Era bello il castello dei Sogni ed era usanza inviare ai propri cari una cartolina del bel luogo ove si trascorreva la villeggiatura.

Eccone un paio di esempi:

E, la prossima, con dedica:

Facile immaginare quali fossero "i più cari pensieri"…….. da quello che, davvero, sembrava un castello

Anche gli interni erano curati: qui di seguito la sala da pranzo con vista sul gazebo da ballo e sulla piscina:

Purtroppo ormai rimane poco, solo ruderi, piloni di cemento che son lì fermi da quasi quaranta anni, ultimi testimoni di un bel tempo che fu.

Quelle qui sotto sono le cucine presso il ristorante, il gazebo e la piscina,

E così Acerno non ha più alberghi (anche Zì Vito è chiuso).

Da località turistica alla moda è tornato ad essere un semplice paese, sempre fresco di estate, ma con zero attrazioni. Mi dicono che c'è una piscina, bella e pronta, ma anche essa chiusa, forse per beghe di paese. Forse la verità è semplice: agli acernesi va bene così. Vedere, d'estate, un pochino di gente, pochi turisti, molti emigrati di ritorno per qualche giorno di vacanza e poi richiudersi nel sonno.

Spero, invece, che questo paese possa risvegliarsi e ritrovare la memoria degli antichi fasti.

Organizzazione del paese

Vi ricordate il divertente film del 2010 di Luca Miniero **"Benvenuti [13]al sud"**? Narra del solito equivoco Nord-Sud, con il nuovo direttore dell'Ufficio Postale di un paesino del Sud, lui milanesissimo e attaccatissimo agli usi meneghini, alle prese con una realtà nuova, prima disprezzata, poi amata. Da qui il detto *"Chi viene al sud piange due volte, quando arriva e quando deve andar via!"*.

In una scena, il protagonista, Claudio Bisio, è a casa di un suo impiegato dell'Ufficio Postale, Alessandro Siani, eterno mammone che non si decide a lasciare il nido materno. Ad un certo punto, in risposta ad un grido che viene dalla strada, Alessandro Siani prende un nero sacco della spazzatura e lo lancia dalla finestra. Bisio non dice niente, ma sulla sua faccia si legge il profondo disprezzo per un gesto ritenuto barbaro e incivile.

Qualche scena dopo, Claudio Bisio, nella casa che ha preso in affitto nel paesino, ode un grido dalla strada che gli sembra simile o uguale a quello sentito in casa

---

[13] https://it.wikipedia.org/wiki/Benvenuti_al_Sud

di Siani. Preso dalla rabbia che ancora gli provoca il trasferimento al Sud, prende il sacco della spazzatura e lo lancia fuori dalla finestra.

Per tutta risposta alla porta si presenta il vigile urbano che gli eleva una contravvenzione per sversamento di rifiuti. L'arcano si svela: Siani abita a piano terra, al grido dello spazzino, lancia il sacco [dell'organico, precisa] direttamente sul carretto che raccoglie l'immondizia.
Bisio abita ad un piano più elevato ed aveva equivocato [*ah, i dialetti!*] sul significato del grido udito che era tutt'altro che il richiamo dello spazzino. Si svela che il paesino del Sud ha un efficiente sistema di raccolta di rifiuti porta a porta, diviso per giorni e materiali raccolti.

Acerno è così. Almeno sulla carta è ben organizzato. Sul sito di Facebook del Comune sono ben evidenziati, per tutto l'anno, i giorni di apertura festiva dei negozi di beni essenziali.

CALENDARIO ATTIVITÀ PRODUTTIVE
2023

ALIMENTARI

"DI LASCIO" - Via A. A. Zottoli	Tel. 339 1718212
"FRASCA" - Via Rimembranza	Tel. 333 6342947
"DE NICOLA" - Via Duomo	Tel. 348 3310378
"VIA ROMA" - Via Roma	Tel. 389 5329100
"POTOLICCHIO" - Via Ten. D'Urso	Tel. 338 6636694

Orario d'apertura 08.00/12.30 - 16.30/20.00
(Esclusi i Giovedì pomeriggio e i giorni festivi, fatta eccezione dei giorni di seguito riportati)

Maggio	Giugno	Luglio	Agosto	Settembre	Ottobre	Novembre	Dicembre
LUNEDÌ 01 Tutti aperti (08.00/12.30)	VENERDÌ 02 Tutti aperti (08.00/12.30)	DOMENICA 02 Tutti aperti (08.00/12.30)	DOMENICA 06 Tutti aperti (08.00/12.30)	DOMENICA 03 "Potolicchio"	DOMENICA 01 "Via Roma"	MERCOLEDÌ 01 Tutti aperti (08.00/12.30)	DOMENICA 03 "De Nicola"
DOMENICA 07 "De Nicola"	DOMENICA 04 "Frasca"	GIOVEDÌ 06 "Di Lascio"	LUNEDÌ 07 Tutti aperti (08.00/12.30)	DOMENICA 10 "Di Lascio"	GIOVEDÌ 05 "Potolicchio"	DOMENICA 05 "Via Roma"	VENERDÌ 08 Tutti aperti (08.00/12.30)
DOMENICA 14 "Via Roma"	DOMENICA 11 "De Nicola"	DOMENICA 09 "Di Lascio"	DOMENICA 13 Tutti aperti (08.00/12.30)	DOMENICA 17 "Frasca"	DOMENICA 08 "Potolicchio"	DOMENICA 12 "Potolicchio"	DOMENICA 10 "Via Roma"
DOMENICA 21 "Potolicchio"	DOMENICA 18 "Via Roma"	GIOVEDÌ 13 "Frasca"	MARTEDÌ 15 Tutti aperti (08.00/12.30)	DOMENICA 24 "De Nicola"	GIOVEDÌ 12 "Di Lascio"	DOMENICA 19 "Di Lascio"	DOMENICA 17 "Potolicchio"
DOMENICA 28 "Di Lascio"	DOMENICA 25 "Potolicchio"	DOMENICA 16 "Frasca"	DOMENICA 20 Tutti aperti (08.00/12.30)		DOMENICA 15 "Di Lascio"	DOMENICA 26 "Frasca"	DOMENICA 24 "Di Lascio"
		GIOVEDÌ 20 "De Nicola"	DOMENICA 27 Tutti aperti (08.00/12.30)		GIOVEDÌ 19 "Frasca"		MARTEDÌ 26 Tutti aperti (08.00/12.30)
		DOMENICA 23 "De Nicola"	GIOVEDÌ Tutti aperti intera giornata		DOMENICA 22 "Frasca"		DOMENICA 31 "Frasca"
		GIOVEDÌ 27 "Via Roma"			GIOVEDÌ 26 "De Nicola"		
		DOMENICA 30 "Via Roma"			DOMENICA 29 "De Nicola"		

PANIFICIO

"SALERNO" - Via Duomo	Tel. 342 7480399
"TUTTOPANE 85 F.LLI RUSSO" - Via Duomo	Tel. 333 2596079

Orario d'apertura 08.00/12.30 - 16.30/20.00
(Esclusi i Giovedì pomeriggio e i giorni festivi, fatta eccezione dei giorni di seguito riportati)

Maggio	Giugno	Luglio	Agosto	Settembre	Ottobre	Novembre	Dicembre
LUNEDÌ 01 Tutti aperti (08.00/12.30)	VENERDÌ 02 Tutti aperti (08.00/12.30)		LUNEDÌ 07 Tutti aperti (08.00/12.30)			MERCOLEDÌ 01 Tutti aperti (08.00/12.30)	VENERDÌ 08 Tutti aperti (08.00/12.30)
MARTEDÌ 02 Chiuso			MARTEDÌ 15 Tutti aperti (08.00/12.30)				DOMENICA 10 Tutti aperti (08.00/12.30)
			MERCOLEDÌ 16 Chiuso				DOMENICA 17 Tutti aperti (08.00/12.30)
			GIOVEDÌ Tutti aperti (08.00/12.30)				DOMENICA 24 Tutti aperti (08.00/12.30)
			DOMENICA Tutti aperti (08.00/12.30)				DOMENICA 31 Tutti aperti (08.00/12.30)

MACELLERIA

"CIANCIULLI" - Via Ten. D'Urso	Tel. 338 8181790
"ZII PEPPO" - Via Duomo	Tel. 338 5858768

Orario d'apertura 08.00/13.00 - 16.30/20.00
(Esclusi Lunedì, i Giovedì pomeriggio e i giorni festivi, fatta eccezione dei giorni di seguito riportati)

Maggio	Giugno	Luglio	Agosto	Settembre	Ottobre	Novembre	Dicembre
LUNEDÌ 01 Tutti aperti (08.00/13.00)	VENERDÌ 02 Tutti aperti (08.00/13.00)	DOMENICA 02 Tutti aperti (08.00/13.00)	LUNEDÌ 07 Tutti aperti (08.00/13.00)			MERCOLEDÌ 01 Tutti aperti (08.00/13.00)	VENERDÌ 08 Tutti aperti (08.00/13.00)
			MARTEDÌ 15 Tutti aperti (08.00/13.00)				DOMENICA 24 Tutti aperti (08.00/13.00)
			DOMENICA Tutti aperti (08.00/13.00)				MARTEDÌ 26 Tutti aperti (08.00/13.00)
			GIOVEDÌ Aperti intera giornata				DOMENICA 31 Tutti aperti (08.00/13.00)
			LUNEDÌ Aperti intera giornata				

BAR - PASTICCERIA - CENTRI DI AGGREGAZIONE

	ORARIO D'APERTURA	RIPOSO SETTIMANALE
"BAR 2001" - P.zza V. Freda	(04.30/22.00)	Mercoledì
"REWIND CAFFÈ" - P.zza V. Freda	(05.00/21.00)	Giovedì
"BAR MARIO" - Via Roma	(06.00/23.00)	Lunedì
"BAR ITALIA" - Via Murge	(09.00/24.00)	Venerdì
"BAR MASSIMO" - Via Duomo	(07.00/22.00)	Lunedì
"CAFFÈ LA PIAZZETTA" - P.zza Belgrado	(07.00/22.00)	Giovedì
"PASTICCERIA LUCIA" - Via Duomo	(06.00/20.00)	Martedì
"ANTICA ARTE DEL DOLCE" - Via Duomo	(06.00/20.00)	Martedì
"CAFFÈ CONCY" - Via Duomo	(06.00/22.00)	Giovedì pomeriggio
"CHIOSCO ELITE" - Largo Croce	(05.00/21.00)	
"BAR JOLLY" - Via Montella	(09.00/23.00)	Chiuso dal 15/01 al 15/03
"PICCADILLY BAR" - Via Fosso di Cinzie	(05.00/01.00)	Giovedì
"ANGEL'S CLUB" - Via Roma	(19.00/24.00)	Lunedì

delle disinfestazioni a cura della ASL locale

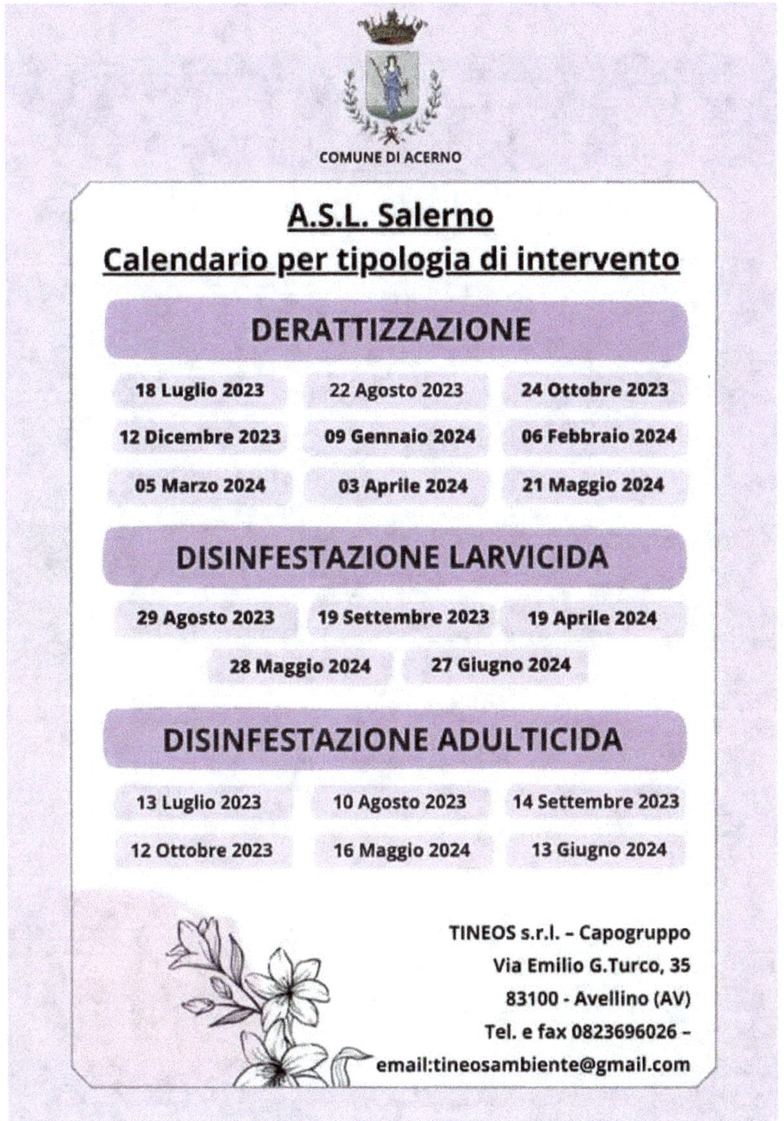

e, ovviamente, il calendario settimanale della raccolta dei rifiuti solidi urbani.

Il relativo manifesto, distribuito anche in tutte le case è multicolore e ricco di spiegazioni su cosa può essere "conferito" in quel determinato giorno.

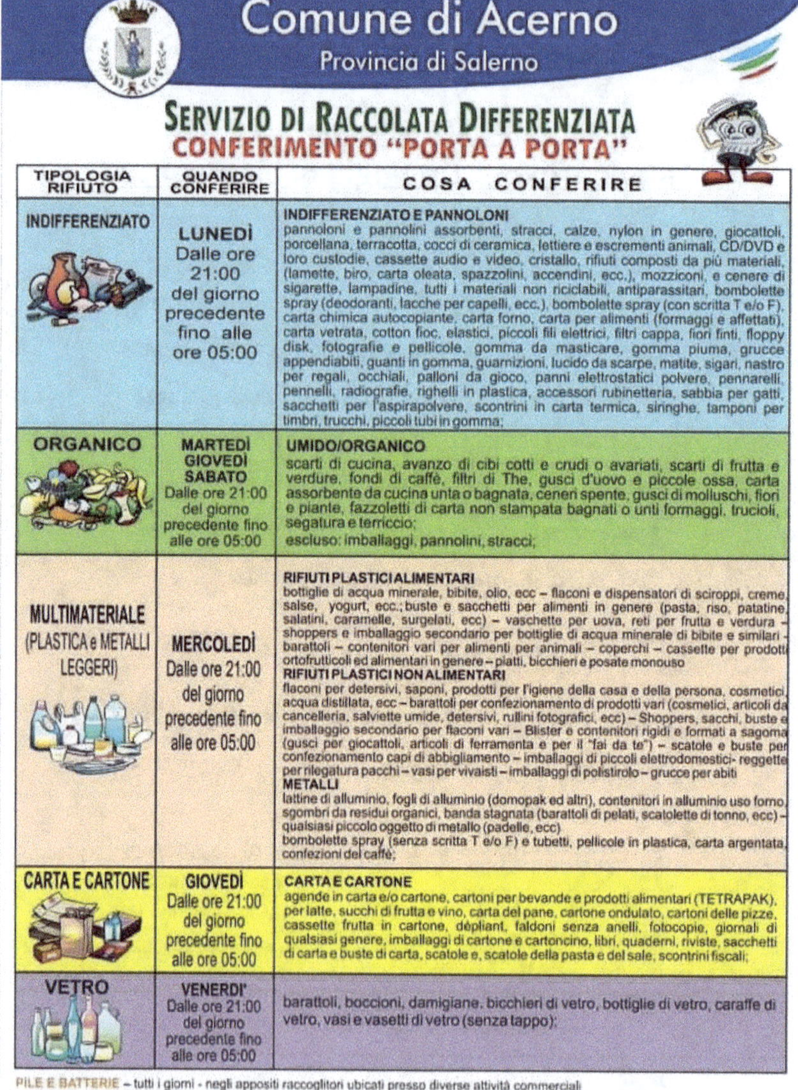

Comune di Acerno
Provincia di Salerno

SERVIZIO DI RACCOLATA DIFFERENZIATA
CONFERIMENTO "PORTA A PORTA"

TIPOLOGIA RIFIUTO	QUANDO CONFERIRE	COSA CONFERIRE
INDIFFERENZIATO	LUNEDÌ Dalle ore 21:00 del giorno precedente fino alle ore 05:00	**INDIFFERENZIATO E PANNOLONI** pannoloni e pannolini assorbenti, stracci, calze, nylon in genere, giocattoli, porcellana, terracotta, cocci di ceramica, lettiere e escrementi animali, CD/DVD e loro custodie, cassette audio e video, cristallo, rifiuti composti da più materiali, (lamette, biro, carta oleata, spazzolini, accendini, ecc.), mozziconi, e cenere di sigarette, lampadine, tutti i materiali non riciclabili, antiparassitari, bombolette spray (deodoranti, lacche per capelli, ecc.), bombolette spray (con scritta T e/o F), carta chimica autocopiante, carta forno, carta per alimenti (formaggi e affettati), carta vetrata, cotton fioc, elastici, piccoli fili elettrici, filtri cappa, fiori finti, floppy disk, fotografie e pellicole, gomma da masticare, gomma piuma, grucce appendiabiti, guanti in gomma, guarnizioni, lucido da scarpe, matite, sigari, nastro per regali, occhiali, palloni da gioco, panni elettrostatici polvere, pennarelli, pennelli, radiografie, righelli in plastica, accessori rubinetteria, sabbia per gatti, sacchetti per l'aspirapolvere, scontrini in carta termica, siringhe, tamponi per timbri, trucchi, piccoli tubi in gomma;
ORGANICO	MARTEDÌ GIOVEDÌ SABATO Dalle ore 21:00 del giorno precedente fino alle ore 05:00	**UMIDO/ORGANICO** scarti di cucina, avanzo di cibi cotti e crudi o avariati, scarti di frutta e verdure, fondi di caffè, filtri di The, gusci d'uovo e piccole ossa, carta assorbente da cucina unta o bagnata, ceneri spente, gusci di molluschi, fiori e piante, fazzoletti di carta non stampata bagnati o unti formaggi, trucioli, segatura e terriccio; escluso: imballaggi, pannolini, stracci;
MULTIMATERIALE (PLASTICA e METALLI LEGGERI)	MERCOLEDÌ Dalle ore 21:00 del giorno precedente fino alle ore 05:00	**RIFIUTI PLASTICI ALIMENTARI** bottiglie di acqua minerale, bibite, olio, ecc – flaconi e dispensatori di sciroppi, creme, salse, yogurt, ecc.; buste e sacchetti per alimenti in genere (pasta, riso, patatine, salatini, caramelle, surgelati, ecc) – vaschette per uova, reti per frutta e verdura – shoppers e imballaggio secondario per bottiglie di acqua minerale di bibite e similari – barattoli – contenitori vari per alimenti per animali – coperchi – cassette per prodotti ortofrutticoli ed alimentari in genere – piatti, bicchieri e posate monouso **RIFIUTI PLASTICI NON ALIMENTARI** flaconi per detersivi, saponi, prodotti per l'igiene della casa e della persona, cosmetici, acqua distillata, ecc – barattoli per confezionamento di prodotti vari (cosmetici, articoli da cancelleria, salviette umide, detersivi, rullini fotografici, ecc) – Shoppers, sacchi, buste e imballaggio secondario per flaconi vari – Blister e contenitori rigidi e formati a sagoma (gusci per giocattoli, articoli di ferramenta e per il "fai da te") – scatole e buste per confezionamento capi di abbigliamento – imballaggi di piccoli elettrodomestici- reggette per rilegatura pacchi – vasi per vivaisti – imballaggi di polistirolo – grucce per abiti **METALLI** lattine di alluminio, fogli di alluminio (domopak ed altri), contenitori in alluminio uso forno, sgombri da residui organici, banda stagnata (barattoli di pelati, scatolette di tonno, ecc) – qualsiasi piccolo oggetto di metallo (padelle, ecc) bombolette spray (senza scritta T e/o F) e tubetti, pellicole in plastica, carta argentata, confezioni del caffè;
CARTA E CARTONE	GIOVEDÌ Dalle ore 21:00 del giorno precedente fino alle ore 05:00	**CARTA E CARTONE** agende in carta e/o cartone, cartoni per bevande e prodotti alimentari (TETRAPAK), per latte, succhi di frutta e vino, carta del pane, cartone ondulato, cartoni delle pizze, cassette frutta in cartone, dépliant, faldoni senza anelli, fotocopie, giornali di qualsiasi genere, imballaggi di cartone e cartoncino, libri, quaderni, riviste, sacchetti di carta e buste di carta, scatole e, scatole della pasta e del sale, scontrini fiscali;
VETRO	VENERDI' Dalle ore 21:00 del giorno precedente fino alle ore 05:00	barattoli, boccioni, damigiane, bicchieri di vetro, bottiglie di vetro, caraffe di vetro, vasi e vasetti di vetro (senza tappo);

PILE E BATTERIE – tutti i giorni - negli appositi raccoglitori ubicati presso diverse attività commerciali
FARMACI SCADUTI – tutti i giorni - nell'apposito raccoglitore presso il Distretto Sanitario e il Centro di Raccolta Comunale

CENTRO DI RACCOLTA ACQUA MAURA
CONFERIMENTO DIRETTO
APERTA: MARTEDÌ 09:00/12:00 – SABATO 09:00/12:00

RAEE (materiale elettrico ed elettronico, lavatrici, televisori, ecc.) LEGNO (da mobilio o lavorato)
OLIO DA CUCINA (oli usati provenienti da processi di cottura)
VERDE E RAMAGLIE (ramaglie, sfalci d'erba, fogliame)
INGOMBRANTI (mobili, materassi, cuscini, damigiane di grandi dimensioni, giocattoli non elettrici)

Contiene però un particolare di non immediata comprensione, pur essendo grammaticalmente e logicamente esatto. Forse perché tutti noi consideriamo ovvio che i sacchetti dei rifiuti vanno depositati la sera (vedremo poi dove).

Se ingrandiamo un pochino una porzione del manifesto notiamo, da sinistra a destra, il primo riquadro che indica la categoria del conferimento del rifiuto, il secondo riquadro che indica il giorno e il terzo riquadro che indica, in particolare, cosa si intende compreso nella categoria generale.

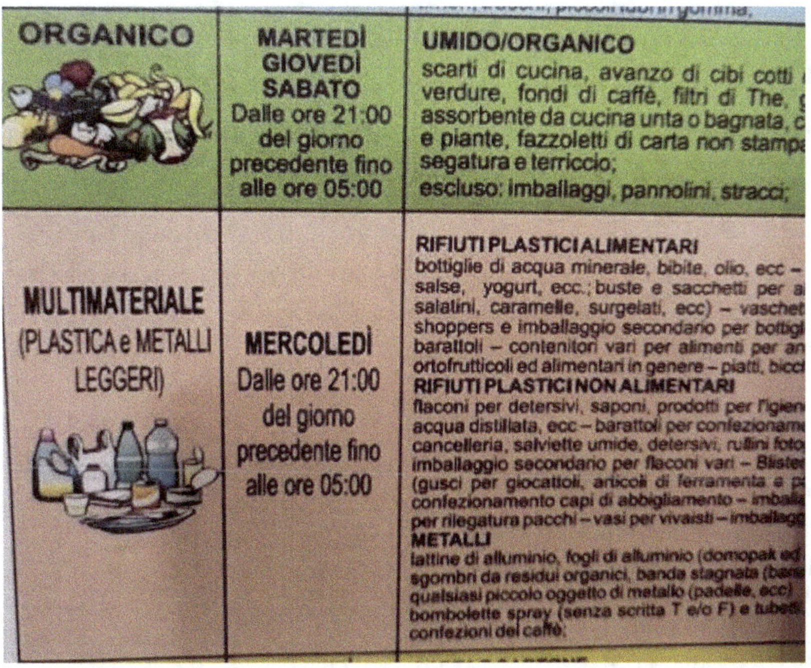

ORGANICO	MARTEDÌ GIOVEDÌ SABATO Dalle ore 21:00 del giorno precedente fino alle ore 05:00	UMIDO/ORGANICO scarti di cucina, avanzo di cibi cotti verdure, fondi di caffè, filtri di The, assorbente da cucina unta o bagnata, e piante, fazzoletti di carta non stampa segatura e terriccio; escluso: imballaggi, pannolini, stracci;
MULTIMATERIALE (PLASTICA e METALLI LEGGERI)	MERCOLEDÌ Dalle ore 21:00 del giorno precedente fino alle ore 05:00	RIFIUTI PLASTICI ALIMENTARI bottiglie di acqua minerale, bibite, olio, ecc – salse, yogurt, ecc.; buste e sacchetti per a salatini, caramelle, surgelati, ecc) – vaschet shoppers e imballaggio secondario per bottig barattoli – contenitori vari per alimenti per an ortofrutticoli ed alimentari in genere – piatti, bicc RIFIUTI PLASTICI NON ALIMENTARI flaconi per detersivi, saponi, prodotti per l'igien acqua distillata, ecc – barattoli per confezionam cancelleria, salviette umide, detersivi, rullini foto imballaggio secondario per flaconi vari – Blister (gusci per giocattoli, articoli di ferramenta e p confezionamento capi di abbigliamento – imball per rilegatura pacchi – vasi per vivaisti – imballagg METALLI lattine di alluminio, fogli di alluminio (domopak ed sgombri da residui organici, banda stagnata (ban qualsiasi piccolo oggetto di metallo (padelle, ecc bombolette spray (senza scritta T e/o F) e tubett confezioni del caffè;

Ad una visione superficiale dell'immagine qui sopra appare che l'umido/organico va "conferito" il martedì, il giovedì e il sabato, mentre il multimateriale (plastica/metalli) il giovedì.

ERRORE!!!!!

Bisogna leggere tutto, anche le scritte in caratteri più piccoli: l'organico va conferito dalle ore 21:00 del giorno precedente quello indicato fino alle ore 05:00 del giorno indicato. Quindi, l'organico/umido andrà conferito dalle ore 21:00 del lunedì, del mercoledì e del venerdì, fino alle ore 05:00 del martedì, del giovedì e del sabato.

Pertanto a meno di non svegliarsi prima dell'alba, i rifiuti di questo genere andranno depositati il giorno (la sera) prima di quanto indicato in grassetto e in carattere più grande del manifesto.

Ovviamente questo si ripete per ogni categoria di rifiuti. Beh, colpa nostra che non leggiamo tutto quello che c'è scritto sul manifesto. Ci serva da lezione quando andremo a stipulare un contratto di assicurazione con le sue clausole a carattere piccolissimo.

C'è ancora una particolarità da raccontare: nelle città ogni condominio ha un bidone in cui raccoglie i sacchetti che, in quel giorno, verranno raccolti meccanicamente da un autocarro.

Acerno è un paesino, i condomini sono davvero pochi. Ogni portoncino corrisponde ad uno/due appartamenti. Le strade spesso sono molto strette e non tutte permettono il passaggio di un autocarro. I rifiuti, proprio come nel film *"Benvenuti al Sud"*, vengono raccolti con un carretto a mano o con un motociclo a tre ruote.

Che fare, allora? Lasciare i sacchetti per terra? No, non si può: Acerno è piena di mandrie di vacche e greggi di pecore o capre portati al pascolo da cani pastore. E, si sa, i cani si riproducono con una frequenza abbastanza rapida. Per non parlare degli onnipresenti gatti. I sacchetti posti a terra costituirebbero una ambita meta per questi animali sempre affamati; i residui fuoriusciti dai sacchetti lacerati sono richiamo per mosche, formiche, blatte e, comunque, pericolo per l'igiene pubblica.

Così ogni appartamento, ficcato nel muro, avvitato al cancello, incastrato nel portone, ha un gancio al quale viene appeso ad una certa altezza (circa un metro e mezzo) il sacchetto del giorno (o della sera), posto così a debita distanza dalle fauci di cani e gatti e relativamente facile da prendere per gli addetti alla nettezza urbana.

Paesi che vai, usanze che trovi

Luoghi e cucina

Fin ora vi ho raccontato un po' di fatti di Acerno, ma non ho trattato di due cose fondamentali: come si passa il tempo ad Acerno se non sedendosi sulle panchine in piazza a sorbire un aperitivo e quali sono le specialità culinarie di Acerno.

Il paese è a mezza montagna e tanti sono i sentieri [CAI e non] da percorrere in estate con gli scarponi e di inverno con le ciaspole.

Acerno, fortunatamente, è ricco di acqua; è detto il paese dalle 100 acque; fiumi, torrentelli e sorgenti bagnano costantemente i sentieri delle escursioni facendo sì che essi siano quasi sempre all'ombra e freschi, cosa non da poco con questo caldo. In alcuni luoghi come il **"Ponte con i Fasci Littori**[14]**"** della strada che congiunge Acerno con Montella (al Km 40,800 della S.S: 164 [sentiero CAI 141] parte il

---

[14] https://sergioferraiolo.com/tag/sentiero-dello-scorzella-a-montella/

sentiero ed è possibile anche camminare nell'acqua **nel sentiero Scorzella** a patto di avere i sandali da fiume e la resistenza all'acqua gelida).
Le foto sono esplicative:

Ma anche senza fiumi o torrenti, tanti sentieri sono ombrosi, non sempre ben segnati e popolati soprattutto da vacche al pascolo con i relativi cani che abbaiano molto al passaggio del turista.

Per una visione d'insieme rimando alla "carta dei monti Picentini" che riporta tutti i sentieri della zona.

Acerno è "montagna" e anche quello che si mangia è di montagna. Ottima la carne, al di sopra di tutto metterei **l'agnello** con patate sia arrostito, sia al forno (meglio).

Se si ha parecchio appetito, prima dell'agnello si possono assaggiare i magnifici ravioli ripieni di ricotta, col semplice sugo di pomodoro oppure con funghi e/o tartufi.

Se posso consigliare, fra i migliori ristoranti spicca proprio **"il Tartufo**[15]**"** dove padron Sergio sovrintende ad una ottima cucina.

Ma un pranzo non si conclude senza dolci e qui possiamo contare su ben tre specialità.

La **fragolata**: fragoline di bosco in sciroppo di zucchero e limone e, facciamoci del male, panna montata sopra.

La **"pasticella"** o **"pastitella"**: dolci tondi di pasta brisee con dentro cioccolato e castagne!

Il paese è circondato da grandi boschi di castagne che danno i loro frutti. E qui svelo qualcosa che non mi era noto.

Di solito associamo le **caldarroste** all'inverno. Qui i maestri caldarrostai riescono a mantenere integra e morbida la castagna dell'anno prima e a servire ottime, morbide e gustose caldarroste in agosto.

Dopo quest'abbondante pasto, bisogna unirsi agli acernesi facendo due o più "vasche" lungo via Duomo e viale San Donato dove la sera di estate si ci incontra tutti. Fra la "piazzetta" e lo "struscio" non c'è bisogno di telefonare a qualcuno: lo trovi lì che cammina.

Lungo queste due vie, che poi sono una sola perché via Duomo si trasforma in viale San Donato per una lunghezza totale di circa 1,4 Km, oltre tutti gli abitanti del paese e la fontana (a fianco della chiesa di San Donato) con l'acqua più fresca e buona, trovi alcune "pillole di gioia":

BACIAMI
QUI !
In questo luogo è
Obbligatorio baciarsi.

Piccola Libreria Libera

Come avete potuto leggere, una vita semplice, ma sana. I vecchietti che hanno superato, e bene, i novanta anni sono tantissimi e, fortunatamente, tantissimi sono i passeggini che incontri la sera per viale San Donato, punto di incontro fra i compaesani per ammirare i "nuovi acernesi" e tessere le loro lodi. Qui il problema demografico non esiste. E tutto il paese partecipa ai "momenti clou" come il formarsi di una nuova famiglia: fra invitati e curiosi, ad applaudirli c'era tutto il paese.

L'estate finisce.

Fin ora vi ho raccontato un po' Acerno e la vita acernese. Oggi piove, l'estate pare finita, ma non demordo.

Molti lettori mi dicono che ho paragonato Acerno ad un eden dove tutto va bene e tutto è bello.

Ovviamente non è così, ma un bilanciamento del positivo e del negativo è senz'altro a favore del positivo.

Per onestà devo raccontare le cose che non vanno. Secondo me le negatività dipendono molto dal fatto che gli acernesi non gradiscono molto l'espansione turistica del paese: hanno trovato – dopo il terremoto del 1980 – un modus vivendi che a loro sta bene e che non amano cambiare.

Per i servizi fanno una eccezione ad agosto, sia per massimizzare gli incassi, sia perché ad agosto tornano gli emigrati: per tutto il mese i negozi sono tutti aperti, domeniche e festività comprese, spesso anche oltre l'orario stabilito. Poi, d'improvviso, passata l'ultima domenica di agosto, tutti chiusi fino al 6 settembre, quando ci sarà la "festa della montagna". Ieri, lunedì 28 agosto, era una pena: **chiusa la straordinaria**

pasticceria "Lucia"[16], **chiuso il centralissimo "bar Massimo**[17]**"**, rimane aperto, non so per quanto, **l'ottimo ristorante/pensione "il Tartufo**[18]**",** ma ieri padron Sergio vagheggiava una cessione dell'attività. L'altra icona, **il bar Jolly dall'ottima fragolata**[19] e ottimi panini, era aperto, ma i tavolini ieri erano tutti dentro e nulla all'esterno.

Eppure le previsioni meteo danno, dopo questi tre giorni di pioggia, il ritorno dell'estate con temperature gradevoli e sole.

---

[16] https://pasticcerialucia.com/
[17] https://restaurantguru.it/Bar-Massimo-Acerno
[18] http://www.iltartufodiacerno.it/
[19] https://nicelocal.it/campania/restaurants/bar_jolly-ba0b/

Un'altra magagna sono i sentieri per il trek. Penso che in Italia non esista una location migliore dei monti Picentini La ricchezza di acque fa sì che una grande quantità di bellissimi sentieri sia completamente coperti dall'ombra di alberi e percorsi da molti torrentelli derivanti dalle molte sorgenti. Una frescura mai vista neppure sulle strapubblicizzate Dolomiti.

Eppure la segnaletica a strisce bianche e rosse lascia molto, ma molto, a desiderare. Spesso e volentieri dopo un segnavia, c'è il nulla e l'escursionista si perde. C'è chi parla di disinteresse, c'è chi parla di taglio indiscriminato di alberi [dove c'erano i segnavia], c'è chi parla – ma spero che si sbagli – di una voluta disinformazione per scoraggiare gli escursionisti dal frequentare quei sentieri che servono per il trasporto della legna tagliata. E molti sentieri sono da "*pulire*" da felci e arbusti spinosi.

Eppure questi sentieri sono assolutamente fantastici. Perché arrivare sulle Dolomiti o in Val d'Aosta quando i migliori sentieri per trek sono qui?

Sta di fatto che, quando ero bambino, i boschi, soprattutto di castagni, attorno Acerno erano sempre di libero accesso; oggi sono tutti recintati.

E non c'è solo questo. Metto le mani avanti. I fatti che narrerò son veri, sulle cause non ci metto la mano sul fuoco.

Mi hanno detto che ad Acerno c'è una bella piscina, un cinema e un palasport, belli e rifiniti ma chiusi, non funzionanti, C'è chi dice per beghe fra famiglie, c'è chi dice per intoppi burocratici, c'è chi dice per violazioni edilizie. Sta di fatto che esistono tre opere pronte, fruibili per acernesi e turisti che non funzionano.

Non esiste alcun coordinamento fra le varie (ma poche) manifestazioni serali estive. Non pensate al fitto programma delle "feste campestri" del gardenese. Qui solo band che si esibiscono, qualche film all'aperto alla "villa", qualche serata *"bavarese"* in un pub. Alcune non sono assolutamente pubblicizzate, per altre devi porre l'occhio sulle striminzite locandine apposte in qualche luogo. Funzionerà il passaparola fra gli acernesi? Fra i turisti certo no.

Non esistono poi strutture ricettive: non c'è un albergo, tranne "il Tartufo" a pensione completa. La casa presa in affitto quest'anno non mi dava la possibilità di ospitare alcun amico e, quindi, nessun amico è potuto venirmi a trovare e condividere queste bellezze, perlopiù sconosciute alla moltitudine. Ovviamente non esiste una proloco che gestisca le case vacanze in affitto che, del resto, gli acernesi non sembrano felici di mettere a disposizione.

Insomma, per (ri)fare di Acerno una buona località di villeggiatura la base c'è: ottimo clima, prezzi bassi [qui il supplemento piattino o il supplemento taglio di toast non esiste], boschi ombrosi sentieri da trek freschi e panoramici, ottima cucina, cordialità diffusa.

Manca qualcuno/qualcosa che li faccia emergere per attirare gente. Faccio solo un esempio: se l'amministrazione comunale desse un incarico al CAI per la pulitura e la segnatura dei sentieri, con una spesa irrisoria, una gran massa di trekkisti sarebbe invogliata a venire. Ma, poi, dove dorme? Esistono grandi strutture come l'ex convento o l'ex colonia dei ferrovieri chiuse da decenni. Le ho viste quest'anno ingabbiate da impalcature [ma senza operai che ci lavorano]: chissà, forse qualcosa si sta risvegliando?

Ma gli acernesi vogliono "veramente" i turisti?

Agosto finisce e finirà anche la mia permanenza qui. Penso di tornarci anche il prossimo anno: il cambiamento climatico ed il surriscaldamento del pianeta impone per i mesi caldi di trovare una sistemazione fresca, piacevole e non soggetta alle pazzie registrate quest'anno **del caro-ombrellone**[20]**, della tariffa per il piattino in più** o **supplemento per il taglio del toast..**[21], delle angherie dei ristoratori, degli albergatori e dei balneari.

---

[20] https://napoli.corriere.it/notizie/cronaca/23_agosto_05/caro-ombrellone-ad-agosto-aumenti-del-25-per-cento-sulle-spiagge-campane-ecco-dove-si-paga-di-piu-39f9c01d-ed9b-457c-8c03-7b9cf8861xlk.shtml
[21] https://www.fanpage.it/milano/un-bar-si-fa-pagare-2-euro-per-tagliare-a-meta-un-toast-il-cliente-pubblica-lo-scontrino/

Vedremo……..

Ultimo giorno

L'estate sta finendo, cantavano i Righeira all'inizio degli anni '80 e anche qui ad Acerno, l'estate sta proprio finendo. Oggi è il 30 agosto ed è il secondo giorno consecutivo che piove, anzi il terzo.

Gli esercizi commerciali che potevano avere qualcosa a che fare con il turismo continuano a chiudere *"per ferie"*. Riapriranno, per un breve periodo intorno al 6 settembre in occasione della festa della Montagna.
Oggi ha chiuso un bar ma, soprattutto una pizzeria rosticceria che faceva ottime pizze e ottimi calzoni con formaggio e fiori di zucca.

Spero che l'agnello al forno che **Padron Sergio mi ha promesso**[22] per stasera non sarà un miraggio.

Via Duomo e Viale San Donato la sera sono sempre più deserti, anche per il repentino abbassamento della temperatura. Ieri sera eravamo a 15 gradi, tre giorni dopo i 25 registrati di sera (eccezionalmente alti).

Faccio i bagagli, domani si ritorna nella sempre più

---

[22] http://www.iltartufodiacerno.it/

putrida Roma capitale, città dove, in agosto, per 15 giorni la Metro non ha proprio circolato, dove non si trovano taxi, dove ogni autunno è sempre più dura.

Cosa mi lascia Acerno? Non è certo la prima volta che ci vengo. Anche lo scorso anno ci ho passato 20 giorni di agosto, ma è la prima volta che ho un alloggio in pieno centro.

La "piazzetta" è a 60 metri, la Chiesa della Madonna delle grazie, con le sue campane che battono ogni quarto, è proprio attaccata alla casa.

È bastato un mese e tutti mi salutano, sono diventato anche io un pastore di questo presepe?

Non so se per ritegno o altro, non ho mai sentito una acernese che si lamenti della sua vita e delle potenzialità inespresse del paese di cui ho parlato diffusamente. Mi sembra che accettino la vita semplice, non dico da *"Cristo si è fermato a Eboli"*, ma degli anni '60 e che questa vita, almeno nello spazio agostano che ho vissuto, a loro non dispiaccia affatto.

Del resto quante volte ci siamo detti felici di un ritorno ai tranquilli (e felici) anni '60?

Gli anni '60 qui ci sono e ci sono proprio nel mese in cui tutto il resto dell'Italia è messo in subbuglio da mandrie di turisti che si spostano dall'Etna al Monte Bianco e viceversa per, poi, trovare le stesse cose [e gli stessi pensieri] di casa loro?

Come ho scritto qui non è l'Eden; magagne ce ne sono, più che altro potenzialità inespresse o che non si vogliono esprimere.

Poi, dipende da che cosa si pretende da una vacanza per sfuggire alla canicola agostana, le ***Feriae Augusti*** *(riposo di Augusto),*[23] *indicante una festività istituita dall'imperatore Augusto nel 18 a.C. da celebrarsi il 1° agosto e che si aggiungeva alle altre festività cadenti nello stesso mese, come i Vinalia rustica, i Nemoralia o i Consualia. Era un periodo di riposo e di festeggiamenti che traeva origine dalla tradizione dei Consualia, feste che celebravano la fine dei lavori agricoli, dedicate a Conso, dio della terra e della fertilità. L'antico Ferragosto, oltre agli evidenti fini di auto-promozione politica, aveva lo scopo di collegare le principali festività agostane per fornire un adeguato periodo di riposo, anche detto Augustali, necessario dopo le grandi fatiche profuse durante le settimane precedenti.*

---

[23] https://it.wikipedia.org/wiki/Ferragosto

Come al solito la religione superveniens, il Cattolicesimo, si appropriò anche di questa festa per dedicarla, il giorno 15, al "miracolo" dell'Assunzione di Maria, madre di Cristo.

Scusate la digressione. Dicevo "cosa si vuole da una vacanza nel periodo tradizionalmente più caldo dell'anno?". **Frescura?**: e la frescura c'è. Boschi ombrosi e freschi ruscelli ove bagnare non solo le estremità, ci sono. **Possibilità di attività sportive?** Bellissimi ed ombrosi sentieri [purtroppo non sempre ben segnati] per tutte le gambe e per tutte le pance, brevi o lunghi che si desiderano. Il buon trek è assicurato.

Buon cibo? Fra Acerno e paesi viciniori ottima carne,

agnello arrosto, pasta fatta in casa, funghi porcini, tartufi neri, dolci gustosi. Non è il paradiso dei vegetariani che si possono però consolare, a meno che non siano anche vegani, con gli ottimi formaggi.

Dolci? Fra fragolate, pasticelle e caldarroste c'è l'imbarazzo della scelta.

Vacanza che non faccia piangere il portafoglio? I prezzi sono decisamente bassi, sia nei negozi, sia nei ristoranti. Bassi rispetto a quelli di Roma, bassissimi in confronto a quei ristoratori che ti chiedono due euro per un piatto vuoto in più o per tagliarti un toast.

Cordialità degli abitanti? Dopo due giorni scompare la scontrosità montanara, tutti ti salutano ed è inevitabile scambiare quattro chiacchiere ogni volta che entri in un negozio.

Non c'è altro: non ci sono le dotte conferenze, c'è la recita in piazza di una commedia di Scarpetta dei ragazzi ed il saggio di danza delle bambine.

Non ci sono VIP o Rockstar che allietano le serate, ci sono band locali e Anna Tatangelo che canta alla festa del Santo Patrono.

Non ci sono sfilate dell'Alta moda che verrà ma, vi assicuro, basta assistere ad uno dei numerosi matrimoni che gli acernesi celebrano nel mese di ritorno degli emigrati, per farsi una idea dei vestiti che "realmente" si porteranno.

Sì, attività ripetute, ma anche a Cortina non si finisce sempre nella **"Cooperativa" a comprare cose che non si useranno mai?**[24]. Fortunatamente tutto questo dura solo un mese con la precipua funzione di farci apprezzare un po' di più il tran tran degli altri undici mesi.

Alla prossima….

---

[24] https://www.coopcortina.com/it/cooperativa-di-cortina/1-0.html

Qualche altra notizia su di me.

Oltre i libri sui miei viaggi, ho pubblicato su Amazon, sia in versione Ebook, sia in versione cartacea, un libro su Europa e Asilo dal titolo **"L'Unione europea, l'immigrazione e l'asilo: Dal Vento di Tampere alla Sea Watch",** disponibile all'indirizzo: **https://www.amazon.it/dp/1080713832/**.

In questo libro, diviso in più parti spiego la genesi delle Direttive europee che tutt'or regolano il diritto di asilo nell'Unione europea, la normativa in vigore e quella in divenire, nonché cerco di risolvere qualche dubbio e di inquadrare secondo il diritto del mare il fenomeno degli sbarchi dei migranti e del "porto sicuro".

 Come "**cittadino attivo**", ho scritto anche due brevi libretti contro le angherie della burocrazia:
"Odissea CUD" reperibile all'indirizzo
http://www.amazon.it/dp/B00CC1KYX8/ e
"Come ho fatto a farmi restituire i soldi da Equitalia" reperibile all'indirizzo: **https://www.amazon.it/ /dp/B01AB13WLQ/** .

Su Amazon, naturalmente, potete trovare anche **i miei racconti di viaggio** con utili link a luoghi, alberghi, monumenti, ristoranti, che potranno agevolare una idea di viaggio nei Paesi visitati:

Mustang (Nepal):
http://www.amazon.it/dp/B00AWD5MYO
Ladakh, Zanskar e Kashmir:
www.amazon.it/dp/B00AXKSTJG
Rajasthan: **www.amazon.it/dp/B00GEFICMS**
Cambogia: http://www.amazon.it/dp/B00LG5YNK6
Namibia: **http://www.amazon.it/dp/B00R1WJLSW**
Vietnam: **http://www.amazon.it/dp/B00TRDPDPI/**
Birmania: **https://www.amazon.it/dp/1661718221**
Cammino di Santiago:
https://www.amazon.it/dp/B08BWGWKDW
Gli Ebook sono arricchiti da numerosi link ai luoghi visitati o
alle cose narrate, facendo diventare l'Ebook un ipertesto.
Quasi tutti i libretti sono disponibili su Amazon, con lo
stesso titolo, anche in forma cartacea da ordinare via internet
 Ovviamente nella edizione cartacea tutti i link ai luoghi ed
alle cose vanno persi.

il mio blog:
http://sergioferraiolo.com

I video dei miei viaggi potete trovarli qui:
http://www.youtube.com/sirjoe7007
Il mio indirizzo Email: **ferraiolo.sergio@gmail.com**

Note: